CW00521387

Dolci e Zuppe per

Cene Romantiche

Annalisa Coldechele

Ricette per aperitivi e cene romantiche di Annalisa Coldechele

© COPYRIGHT 2021 TUTTI I DIRITTI RISERVATI

Il presente documento si propone di fornire informazioni accurate e attendibili sull'argomento e sulle problematiche affrontate. La pubblicazione viene venduta con l'intesa che l'editore non è obbligato a fornire servizi responsabili, autorizzati ufficialmente o altrimenti qualificati. Qualora sia richiesta una consulenza legale o professionale, deve essere nominata una persona che abbia esercitato la professione. Una dichiarazione politica che è stata accettata e approvata anche da un comitato dell'American Bar Association e da un comitato di editori e associazioni. Non è in alcun modo legale riprodurre, duplicare o trasmettere qualsiasi parte di questo documento per via elettronica o in forma stampata. La registrazione di questa pubblicazione è severamente vietata e l'archiviazione di questo documento è consentita solo con il autorizzazione scritta dell'editore. Tutti i diritti riservati. Le informazioni fornite in questo documento sono da ritenersi veritiere e coerenti, nel senso che ogni responsabilità, in termini di disattenzione o altro, da qualsiasi uso o abuso delle politiche, dei processi o delle istruzioni qui contenute è di esclusiva ed intera responsabilità del lettore destinatario. In nessun caso può essere imputata all'editore alcuna responsabilità legale o colpa per qualsiasi risarcimento, danno o perdita monetaria dovuto alle informazioni contenute in questo documento, direttamente o indirettamente. La presentazione delle informazioni è senza contratto né alcun tipo di assicurazione di garanzia. I marchi utilizzati sono utilizzati senza alcun consenso e la pubblicazione del marchio è senza l'autorizzazione o l'approvazione del proprietario del marchio. Tutti i marchi e i marchi in questo libro sono solo a scopo di chiarimento e appartengono ai proprietari stessi

INTRODUZIONE

Mentre tutti amiamo uscire la sera, anche le serate con gli appuntamenti possono essere speciali. Quand'è stata l'ultima volta che hai organizzato una cena romantica per il tuo partner? Invece di tirare fuori dal congelatore quegli avanzi poco appetitosi, puoi ravvivare sia il tuo piatto che la tua vita amorosa senza nemmeno uscire di casa e cucinare i tuoi appetiti l'uno per l'altro nel processo.

Con questo in mente, questo libro condividerà una cena romantica di 5 portate per celebrare il tuo amore speciale, sia che si tratti di San Valentino, cene di anniversario, cene di compleanno, cene di fidanzamento. O solo perché!

Per quelli di noi che non hanno il tocco dello chef, può essere intimidatorio pianificare un pasto senza sapere da dove cominciare. Ma a quanto pare, realizzare quella stravagante diffusione non è così difficile come sembra (ed è più facile con queste fantastiche ma semplici ricette!).

ZUPPE ROMANTICHE

1. zuppa d'amore

ingredienti

- 3 cucchiai di olio vegetale
- Scorza e succo di ½ limone o 1 cucchiaio di succo di limone in bottiglia
- 1 spicchio d'aglio
- 1 pezzetto di zenzero fresco (circa 1 cm) o 1 cucchiaino di zenzero macinato
- una manciata di coriandolo fresco
- una manciata di prezzemolo fresco, più quello per guarnire
- 1 cipolla

- 2 Carote grandi
- 1 Patata
- $\frac{1}{2}$ un dado vegetale

Kit essenziale

- Avrai bisogno di un robot da cucina.

Istruzioni

a) Preriscaldare il forno a 180°C/350°F/gas 4.

b) Per prima cosa preparate la marinata per le verdure. Misura l'olio in una tazza da tè, in una brocca o in un altro piccolo recipiente. Grattugiare finemente la scorza di limone nell'olio. Sbucciate e schiacciate l'aglio, sbucciate e grattugiate lo zenzero, poi aggiungete anche loro. Tritare finemente le erbe aromatiche nel composto. Spremi il succo di limone – tanto quanto puoi spremere – mescola insieme e metti da parte.

c) Sbucciare la cipolla, tagliarla in quarti e metterla in una pirofila. Lavare, quindi tagliare le carote a rondelle spesse e aggiungerle alla pirofila. Pelare e tagliare a cubetti anche la patata e metterla dentro. Versare sopra la marinata e agitare per ricoprire le verdure. Metti la pirofila nel forno preriscaldato per circa un'ora, agitando di tanto in tanto per allentare le verdure e ricoprirle di nuovo con la marinata.

d) Quando le carote e le patate sono tenere, togliere le verdure dal forno e versarle in un robot da cucina. Sciogliere $\frac{1}{2}$ dado in 500 ml di acqua bollente e versare questo brodo nel robot da cucina (per coprire le verdure). Frullare fino ad ottenere un composto omogeneo e servire con una spruzzata di prezzemolo e un sorriso.

INGREDIENTI

- 2 cucchiaini. olio d'oliva

- 4 once. pancetta, tagliata a pezzi da 1/2 pollice

- 1 pollo intero (da 3 1/2 a 4 libbre), tagliato in 10 pezzi

- Sale kosher e pepe nero macinato al momento

- 1 libbra di funghi cremini, in quarti

- 2 cipolle medie, tritate

- 2 porri (solo le parti bianche e verde chiaro), tagliati a metà e affettati

- 2 spicchi d'aglio, tritati

- 2 cucchiai. Farina per tutti gli usi

- 1 bottiglia (750 ml) di vino bianco secco

- 1/2 c. brodo di pollo

- 2 cucchiai. senape di Digione

- 6 rametti di timo

- 2 foglie di alloro

- 1/4 sec. dragoncello fresco, tritato

INDICAZIONI

a) Preriscaldare il forno a 350 ° F. Scaldare l'olio in un grande forno olandese a fuoco medio. Aggiungere la pancetta e cuocere, mescolando di tanto in tanto, fino a doratura, da 2 a 4 minuti. Usando una schiumarola, trasferisci su un piatto foderato di carta assorbente. Condire il pollo con sale e pepe. Cuocere, con la pelle rivolta verso il basso, fino a doratura, da 5 a 7 minuti. Trasferire nel piatto.

b) Aumenta il calore a medio-alto. Aggiungere i funghi e cuocere, mescolando di tanto in tanto, fino a doratura, da 6 a 8 minuti. Ridurre il fuoco a medio-basso e aggiungere cipolle, porri e aglio. Cuocere, mescolando di tanto in tanto, finché non diventano dorati e teneri, da 8 a 9 minuti. Aggiungere la farina e cuocere, mescolando, 1 minuto. Aggiungere gradualmente il vino, mescolando continuamente. Aggiungere brodo, senape, timo e foglie di alloro; portare a ebollizione.

c) Rimettete la pancetta e il pollo (con la pelle rivolta verso l'alto) nella pentola; coprire e trasferire in forno. Cuocere fino a quando il pollo è tenero e ben cotto, da 1 ora e 15 minuti a 1 ora e 30 minuti. Eliminate il timo e le foglie di alloro. Servire condita con dragoncello

3. Zuppa di carciofi con chips di pastinaca

ingredienti

PER LA ZUPPA:

- 5-6 cuori di carciofo fresco tritati grossolanamente

- 2 cucchiai di olio d'oliva

- 1 porro solo parti bianche e verde chiaro, affettato e sciacquato

- 3 spicchi d'aglio tritati

- 1/2 tazza di scalogno tritato

- 8 once di patate Yukon Gold pelate e tagliate a dadini (circa 2 medie)

- 6 tazze di brodo vegetale

- 1 foglia di alloro

- 2 rametti di timo più altro per guarnire

- 1/4 cucchiaino di pepe nero macinato

- Sale qb qb

- 1-2 cucchiai di succo di limone

PER LE PATATINE DI PASTINACA:

- 1 pastinaca pelata e affettata sottilmente su una mandolina

- 1/2 tazza di olio vegetale

- Sale marino in fiocchi

Istruzioni

a) Cuocere nel burro i cuori di carciofo, il porro, l'aglio, lo scalogno: sciogliere il burro in una pentola capiente e dal fondo spesso a fuoco medio. Aggiungere i cuori di carciofo, il porro, l'aglio e lo scalogno. Cuocere finché sono teneri.

b) Aggiungere le patate, il brodo, l'alloro e il timo. Portare la zuppa a leggera ebollizione, quindi abbassare la fiamma per mantenere il bollore. Cuocere scoperto, per 30-40 minuti, o fino a quando le verdure sono tenere.

c) Eliminare le erbe, quindi ridurre in purea la zuppa usando un frullatore ad immersione o un frullatore normale (se si utilizza un frullatore normale raffreddare leggermente la zuppa, rimuovere l'inserto del coperchio e coprire liberamente con un canovaccio mentre si frulla per evitare che il frullatore esploda!)

d) Mescolare sale, pepe e succo di limone, assaggiando e aggiustando se necessario.

e) Posizionare una griglia su una teglia da forno grande e bordata e rivestire la griglia con 2 strati di carta assorbente. Scaldare la colza o l'olio vegetale in una casseruola capiente fino a quando l'olio non registra 325° su un termometro per friggere. Nel frattempo, aiutandovi con una mandolina, affettate le pastinache a monetine sottili.

) Lavorando in lotti, immergere con cura manciate di nastri di pastinaca nell'olio caldo e cuocere i nastri a fuoco moderatamente alto, mescolando di tanto in tanto con un cucchiaio di legno, finché i nastri non assumono un colore miele intenso, circa 1 minuto. Usando una schiumarola o una

schiumarola, trasferisci le pastinache su carta assorbente e cospargile di sale. Lascia raffreddare completamente.

g) Per servire, dividere la zuppa in modo uniforme nelle ciotole. Guarnire con chips di pastinaca e foglie di timo.

4. **Zuppa di birra e formaggio**

Ingredienti:

- 1 tazza di cipolle a dadini
- 1 tazza di sedano a dadini
- 1 tazza a dadini carote
- 1 tazza a dadini funghi
- 3/4 di tazza   burro
- 1/2 tazza   Farina
- 1 cucchiaino di senape secca
- 5 tazze di brodo di pollo o vegetale
- 1 mazzo broccoli
- 11 once fluide   birra (usa una lattina o una bottiglia e risparmia un sorso per il cuoco!)
- 180 g di formaggio cheddar, grattugiato
- 2 cucchiai di parmigiano grattugiato
- sale e pepe qb

Istruzioni:

a) Soffriggere nel burro le verdure a dadini.

b)   Mescolare la farina e la senape nelle verdure saltate. Aggiungere il brodo di pollo o vegetale al composto e cuocere per cinque minuti.

c)   Rompi i broccoli in piccoli fiorellini; tagliare i gambi a bocconcini. Cuocere a vapore finché sono teneri e croccanti Aggiungere birra e formaggi alla zuppa. Cuocere 10-15 minuti. Controlla i condimenti.

d) Per servire, mettere dei broccoli in una zuppiera e versarvi sopra la zuppa.

5. Crema di Indivia Belga

- 2 Indivia Belga, senza torsolo
- 1 cipolla bianca, a dadini
- 1 spicchio d'aglio, a dadini
- 2 cucchiai di burro
- 2 patate grandi, pelate e tagliate a cubetti
- 2 tazze di brodo di pollo
- 1 tazza di latte o panna
- Sale e pepe a piacere
- erba cipollina tritata
- rametti di aneto per guarnire

1. Tritare l'Indivia Belga, tenendo da parte qualche fogliolina per guarnire. Soffriggere la cipolla, l'aglio e l'indivia belga tritata nel burro per tre minuti.

2. Aggiungere le patate e il brodo di pollo e cuocere a fuoco lento per circa quindici minuti o finché le patate non saranno morbide. Metti questo in un frullatore o in un robot da cucina e lavora fino a che liscio.

3. Aggiungere il latte, il sale e il pepe e frullare. Servire caldo o freddo. Guarnire con foglie di indivia belga, erba cipollina e aneto.

6. Crema di scorzonera e zuppa di funghi

- 450 g di scorzonera (1 libbra)

- 2Cipolle, tritate

- 3tb di olio di girasole

- 275 g di funghi (9 2/3 once)

- 1 cucchiaio   Olio d'oliva

- 1l Acqua (2 1/8 pinte)

- 25 g di burro (1 oncia)

- 25 g di farina (1 oncia)

- 1 1/2 dl di latte (1/4 pinta)

- Sale marino

- Pepe nero, appena macinato

a) Lavare la scorzonera in abbondante acqua, eliminare le estremità delle radici e tagliarla a pezzi di 1 cm. Fate appassire le cipolle con la scorzonera nell'olio di semi di girasole per 10 ... 15 minuti in una padella pesante e coperta. Mescolare di tanto in tanto per evitare che si attacchi, poiché la scorzonera è secca.

b) Nel frattempo stufare i funghi nell'olio d'oliva fino a quando non avranno sprigionato il loro liquido, conservare il liquido e unire i funghi alla scorzonera e alle cipolle. Coprite con l'acqua e portate a bollore; cuocere a fuoco lento per 20 minuti.

c) In una padella antiaderente sciogliere il burro, unire la farina e aggiungere gradualmente prima il liquido dei funghi, poi il latte. Quando avrete una salsa densa, aggiungete lentamente il liquido della zuppa, aggiungete le verdure e frullate.

d) Condite con sale e pepe a piacere.

7. Vellutata Di Pomodoro, Salsiccia E Tortellini

Ingredienti:

- 2 cucchiai di olio extra vergine di oliva •
- 2 tazze di brodo di manzo o vegetale
- 1 libbra di salsiccia italiana •
- 2 tazze metà e metà o panna
- 1 kg di tortellini (freschi o surgelati) •
- $\frac{1}{4}$ tazza di basilico fresco, tritato

- 1 barattolo di salsa per pasta
- •
- Sale e pepe a piacere

Istruzioni:

a) Scaldare l'olio d'oliva in una pentola capiente a fuoco medio-alto.

b) Togliere la salsiccia dal budello e sbriciolarla in padella. Cuoci e mescola, spezzettando la salsiccia man mano che procedi.

c) Quando la salsiccia sarà rosolata, mantecate con la pasta, il brodo e metà e metà o panna.

d) Portare a bollore e aggiungere i tortellini. Continuare a bollire dolcemente fino a quando i tortellini non sono cotti, circa 8-10 minuti.

e) Mescolare basilico, sale e pepe.

8. Zuppa di mais e gamberi al curry

- 2 tazze di brodo di pollo a forza normale

- 2 mele acide di media grandezza (sbucciate, private del torsolo e tritate)

- 1 cipolla grande (tritata)
- 1/2 cucchiaino di curry in polvere
- 1 peperone rosso grande (delicato e privato dei semi)
- 4 tazze di latticello freddo
- 1/4 tazza di succo di lime
- 1 1/2 tazze di chicchi di mais cotti
- 1/2 tazza di coriandolo fresco tritato
- 1/3 libbre di gamberetti cotti minuscoli
- rametti di coriandolo (facoltativo)

In una padella da 4 a 5 quarti a fuoco alto unire il brodo, le mele, la cipolla e il curry. Coprire e portare a ebollizione, quindi cuocere a fuoco lento fino a quando le mele si schiacciano facilmente (circa 30 minuti). Lasciare raffreddare, quindi coprire e raffreddare fino a quando non è freddo, almeno 3 ore o fino a un giorno. Frullate uniformemente la miscela in un frullatore o in un robot da cucina.

Tagliate qualche fettina sottile di peperone e mettete da parte; tagliare a dadini il pepe rimasto e metterlo in una zuppiera con purea di mele, latticello, succo di lime, 1 1/4 di tazza di mais e coriandolo tritato. Versare la zuppa nelle ciotole e guarnire con i gamberetti, il mais rimasto, le strisce di peperone e i rametti di coriandolo.

9. **Zuppa di zucca e mele al curry**

- 1/4 tazza di burro

- 1 spicchio d'aglio

- 1cipolla

- 1 porro

- 1 mela grande, sbucciata e tagliata a pezzi

- 1 cucchiaio di curry in polvere

- 2 tazze di zucca fresca tritata

- 4 tazze di brodo (1 usare brodo di pollo)

- 1 tazza di panna da montare

- sale e pepe

- spicchi di mela

Sciogliere il burro in una casseruola. Soffriggere aglio, cipolla, porro e mela. Aggiungere il curry in polvere e cuocere per 1 minuto, mescolando continuamente. Aggiungere la zucca e il brodo. Portare a bollore, mescolando di tanto in tanto. Abbassate il fuoco e fate sobbollire finché le verdure non saranno tenere. Frulla tutto nel frullatore o nel robot da cucina. Ritorna alla casseruola e incorporare tutta la panna ma 2 cucchiai.

Condire con sale e pepe. Al momento di servire guarnite con spicchi di mela fresca e versateci sopra un po' di panna.

10. Zuppa di gamberi in agrodolce

Ingredienti:

- 1 libbra. med. gamberetto

- 2 bastoncini freschi o 2 cucchiai. citronella essiccata

- 4 foglie di lime kaffir fresche o essiccate oppure

- 1 cucchiaio di scorza di limone grattugiata finemente

- 1 1/2 qt di brodo di pollo

- 1 cucchiaio di salsa di pesce o sale qb

- 3 cucchiai di succo di lime fresco o a piacere

- 1 cucchiaino di pasta di peperoncino tailandese (nam prik pow) o

- sostituire 1/4 di cucchiaino. Caienna, 1/4 di cucchiaino. zucchero, 1/2 cucchiaino. olio

- 15 once possono paglia funghi o 12 med. funghi freschi

- 3 peperoncini verdi piccanti freschi

- 3 cucchiai di coriandolo

Istruzioni:

Lavare, sgusciare, svenare i gamberi. Salva le conchiglie. Lavare nuovamente i gamberi, scolarli, asciugarli, coprire e conservare in frigorifero. Se usi la citronella fresca, taglia ogni bastoncino in tre pezzi da 2 pollici, iniziando dall'estremità inferiore arrotondata. Scartare la parte superiore simile alla paglia. Schiacciare leggermente i 6 pezzi.

In una padella, unire citronella, foglie di lime, brodo e gusci di gamberi. Portare a ebollizione. Abbassate la fiamma e fate sobbollire dolcemente per 20 minuti. Filtrare il brodo, quindi aggiungere la salsa di pesce, il succo di lime e la pasta di peperoncino. Aggiustare la salsa di pesce e il succo di lime a piacere. * Aggiungi più pasta di peperoncino per più calore.

Scolare i funghi paglia e aggiungere al brodo. (Se si utilizzano funghi freschi, tagliarli in quarti e immergerli in acqua bollente leggermente salata. Far bollire 1 minuto. Scolare e aggiungere al brodo.)

Preparare la guarnizione poco prima di servire. Tagliare i peperoncini verdi a rondelle fini. Lavare e asciugare il coriandolo. Poco prima di servire scaldare la zuppa, quando inizia a bollire tuffarvi i gamberi sgusciati. Cuocere a fuoco medio per 2 minuti o solo finché i gamberi non diventano opachi. Guarnire con peperoncini e foglie di coriandolo. Servire caldo.

11. Zuppa di ciliegie ungherese

Ingredienti:

- 1 libbra di amarene, snocciolate, noccioli e gambi riservati

- 3 tazze di Riesling o altro vino bianco secco

- 1/4 tazza di zucchero

- bastoncino di cannella da 1 pollice

- 2 limoni, 1 sbucciato e la buccia riservata, entrambi spremuti

- 1/2 tazza di brandy (facoltativo)

- 2 tazze di panna acida

Istruzioni:

a) Schiacciare qualche nocciolo di ciliegia, poi mettere tutti i noccioli e i gambi in un tegame con il vino, lo zucchero, la stecca di cannella e il succo di entrambi i limoni e la buccia diuno. Fate sobbollire per 5 minuti, poi lasciate in infusione per almeno 15 minuti. Filtrare, riportare a bollore e aggiungere le ciliegie e il loro succo.

b) Togliere subito dal fuoco e permettere da raffreddare a tiepido.

c) Incorporare il brandy. Mettere la panna acida in una zuppiera, quindi versare gradualmente la zuppa di ciliegie, mescolando bene. Servire freddo.

12. Zuppa di piselli speziata indiana

- 3 cucchiai di zenzero fresco tritato
- 10 spicchi d'aglio, schiacciati e sbucciati
-

2

peperoncini serrano, privati dei semi e tritati
- 1/4 di cucchiaino di cumino macinato
- 3 cucchiai di olio di colza (la ricetta originale prevede ghee [burro chiarificato] o olio di semi di girasole ma io ho usato quello che ho trovato)
- 2 foglie di alloro
- 1/2 cipolla media, tritata
- 4 tazze d'acqua (puoi usare brodo vegetale o di pollo, se ce l'hai)
- 16 once di piselli surgelati (o l'equivalente, freschi e sgusciati)

- 1 cucchiaio di succo di limone fresco
- Sale e pepe a piacere

1. Usa un robot da cucina, un frullatore o un mortaio con pestello per unire lo zenzero, l'aglio, i peperoncini, il cumino e 3 cucchiai di acqua in una pasta.

2. In una grande casseruola, scaldare l'olio a fuoco medio-alto. Quando l'olio inizia a scoppiare, aggiungere le foglie di alloro e far rosolare per 1 minuto. Aggiungere le cipolle e cuocere fino a quando iniziano a dorarsi leggermente. Incorporare la pasta di aglio e zenzero e cuocere per un altro minuto.

3. Aggiungere l'acqua o il brodo e mescolare bene; scaldare fino a quando la zuppa inizia a bollire. Aggiungere i piselli e cuocere a fuoco lento per 5 minuti, finché i piselli non saranno di un verde brillante bright

4. Togliere la zuppa dal fuoco e togliere le foglie di alloro. Aggiungere il sale e il pepe, quindi frullare con un frullatore ad immersione. In alternativa, lasciare raffreddare la zuppa per 10 minuti, quindi versare in un normale frullatore. Coprire (usare un canovaccio da cucina - non toccare direttamente il frullatore) e frullare per

qualche minuto, fino a quando la zuppa non sarà omogenea. Servire con formaggio sbriciolato e un pizzico di cumino, se lo si desidera.

13. Zuppa Di Pollo All'italiana

- 1 cucchiaio di olio d'oliva

- 1 peperone verde, a dadini

- 1 cipolla piccola, tritata

- 3 grandi spicchi d'aglio, tritati

- 1 cucchiaio di basilico essiccato

- 2 cucchiaini di semi di finocchio

- 1/4 cucchiaino di peperoncino rosso tritato essiccato

- 6 tazze di brodo di pollo in scatola a basso contenuto di sale

- 2 zucchine medie, a dadini

- 1 carota, a dadini

- 1 confezione da 9 once ravioli di formaggio fresco

- 1 1/2 tazze di pollo cotto a dadini

- Parmigiano grattugiato

Scaldare l'olio in una casseruola larga e pesante a fuoco medio. Aggiungere il peperone, la cipolla, l'aglio, il basilico, i semi di finocchio e il peperoncino tritato e saltare finché le verdure non saranno appena tenere, circa 10 minuti. Aggiungi il brodo.

Coprite la pentola e fate sobbollire 10 minuti. Aggiungere zucchine e carote. Coprire e cuocere a fuoco lento fino a quando la carota è quasi tenera, circa 5 minuti. Alzate la fiamma al massimo e portate a bollore la zuppa. Aggiungere i ravioli e far bollire finché sono teneri, circa 5 minuti. Aggiungere il pollo e cuocere fino a quando non è ben caldo, circa 1 minuto. Condire la zuppa a piacere con sale e pepe. Versare la zuppa nelle ciotole. Servire, passando il formaggio a parte.

14. Zuppa di formaggio jalapeno

Ingredienti:

- 6 tazze di brodo di pollo

- 8 gambi di sedano

- 2 tazza Cipolla a cubetti

- 3/4 cucchiaino di sale all'aglio

- 1/4 cucchiaino di pepe bianco

- 2 libbre di formaggio Velveeta

- 1 tazza di peperoni jalapeno a dadini

- Panna acida

- Tortillas di farina

Istruzioni:

Tagliare a cubetti gambi di sedano, cipolle e jalapenos.
Tagliare la Velveeta a cubetti.

In una grande casseruola mettete il brodo di pollo, il sedano, le cipolle, l'aglio, il sale e il pepe bianco. Cuocere a fuoco vivo per 10 minuti, o fino a quando il composto si riduce e si addensa leggermente.

In un frullatore o in un robot da cucina mettete il brodo e il formaggio. Frullateli insieme fino ad ottenere un composto liscio. Rimettete il composto frullato nella casseruola e fate sobbollire per 5 minuti. Unite i peperoni tagliati a dadini e amalgamateli bene.

Servire con un ciuffo di panna acida e tortillas di farina tiepide.

DOLCI ROMANTICI

15. patè di salmone

- 8 once di crema di formaggio

- 1 cucchiaino di rafano

- 1 cucchiaio di succo di limone

- 1 c Salmone cotto

- 2 ts Cipolla Tritata

- 2 cucchiai di prezzemolo fresco tritato

- 1/4 di cucchiaino di fumo liquido

a) Mescola il formaggio cremoso, il rafano, il succo di limone, il salmone cotto, la cipolla, il prezzemolo e il fumo liquido in una terrina.

b) Trasferire il composto in una ciotola da portata; guarnire con rametti di prezzemolo.

c) Servire con segale o cracker. Per 2 tazze di patè di salmone.

16. budino alle noci pecan

Categorie: Dolci, A basso contenuto di grassi

- 1 cucchiaio di burro o margarina
- 1 ea albume d'uovo sbattuto grande
- 1/3 di tazza di sciroppo di mais scuro
- 1/4 cucchiaino Vaniglia
- 2 tb Farina Non Sbiancata
- 1/8 cucchiaini di lievito in polvere
- 1/4 tazza di noci pecan tritate
- 1 x zucchero a velo

a) In una tazza da 15 once di crema pasticcera a microonde il burro o la margarina, scoperti, al 100% di potenza per 30-40 secondi o fino a quando non si sono sciolti.

b) Agitare il burro nella tazza della crema, coprendo i lati e il fondo.

c) Versare il burro in eccesso dalla tazza di crema pasticcera nell'uovo sbattuto.

d) Incorporare lo sciroppo di mais scuro e la vaniglia.

e) Mescolare insieme la farina e il lievito.

f) Mescolare la miscela di farina nella miscela di uova. Incorporare delicatamente le noci pecan tritate.

g) Versare il composto di noci pecan nella tazza di crema pasticcera imburrata da 15 once. Forno a microonde, scoperto, al 50% di potenza per 3-4 minuti o fino a quando la miscela di noci pecan è appena rappresa, ruotando la tazza di crema pasticcera di mezzo giro ogni minuto.

h) Setacciare un po' di zucchero a velo sopra. Servire caldo con panna, se lo si desidera.

17. Crostate di meringa con fragole

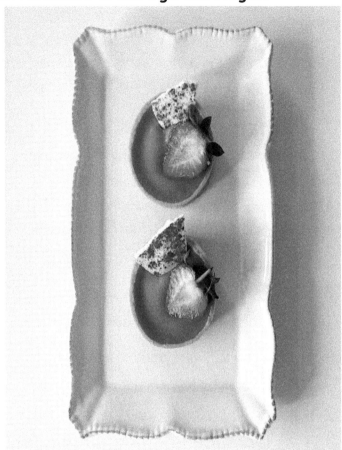

- 1 tazza di zucchero

- 1/2 cucchiaino di lievito in polvere

- 1/8 cucchiaini di sale

- 3 albumi d'uovo

- 1 cucchiaino Vaniglia

- 1 cucchiaino di aceto

- 1 cucchiaino di acqua

- 1 ea Fragole fresche a fettine Setacciare lo zucchero con il lievito e il sale.

a) Unire gli albumi, la vaniglia, l'aceto e l'acqua.

b) Aggiungere il composto di zucchero, 1/2 cucchiaino alla volta, agli albumi, alternando con qualche goccia del liquido, montando continuamente. Quando tutto sarà amalgamato, continuate a sbattere per qualche minuto.

c) Mettere grandi cucchiai su una teglia e formare delle coppette poco profonde.

d) Cuocere a 225 gradi F. per 45 minuti a 1 ora.

e) Sformare velocemente le meringhe dalla sfoglia e farle raffreddare su una gratella.

f) Farcire con le fragole.

18. Dessert veloce all'uvetta

- 1 c zucchero bianco

- 1 c farina

- 2 c'è bicarbonato di sodio

- 1 pn sale

- 1 tazza di uvetta

- 1/2 tazza di latte

a) Unire lo zucchero, la farina, il bicarbonato di sodio e il sale. Mescolare bene; unire l'uvetta e il latte.

b) Mettere in una teglia unta da 8 "x 11" e cuocere a 350 gradi per 30-35 minuti.

19. Mousse al liquore al caffè

- 4 uova ciascuna, separate

- 1/4 di liquore al caffè

- 1/4 di tazza di sciroppo d'acero

- 1/8 di cognac

- 1 tazza d'acqua

- 1 tazza di panna da montare

a) In un frullatore o con le fruste elettriche, frullare insieme tuorli d'uovo, sciroppo d'acero e acqua. Trasferire in una casseruola e portare a ebollizione. Togliere dal fuoco e aggiungere il liquore al caffè e il cognac. Freddo.

b) Montare la panna e gli albumi fino a formare dei picchi morbidi.

c) Incorporare con cura al composto di liquore freddo.

d) Versare in bicchieri da demitasse e raffreddare 2 ore.

20. Barrette al burro di arachidi

- 1/2 tazza di burro di arachidi cremoso

- 1/4 di tazza di burro o margarina

- 1 c zucchero di canna chiaro, confezionato

- 2 ea uova

- 1 cucchiaino di vaniglia

- 2/3 c di farina per tutti gli usi non setacciata

- 1 tazza di arachidi salate tritate

- 16 baci al cioccolato ciascuno, da scartare

a) Montare il burro di arachidi, il burro e lo zucchero di canna nella ciotola del mixer fino a renderlo soffice. Aggiungere le uova e la vaniglia; battere bene. Mescolare la farina, aggiungere 3/4 di tazza di arachidi tritate.

b) Distribuire uniformemente in una teglia quadrata da 9x9x2 pollici unta.

c) Cospargere con le arachidi rimaste.

d) Cuocere a 350 F. per 25-30 minuti o fino a leggera doratura.

e) Togliere dal forno; premere immediatamente i baci di cioccolato in alto lasciando spazio per tagliare le barrette in quadrati.

f) Raffreddare completamente; togliere dalla padella.

21. Torta gelato decadente

- 2 1/4 di tazza Amaretti; sbriciolato, diviso
- 3 c Gelato al cioccolato; leggermente ammorbidito
- 5 barre di brughiera; tritato grossolanamente
- 4 tb Sciroppo al cioccolato
- 3 cucchiai di Kahlua
- 3 c Gelato alla vaniglia; leggermente ammorbidito

a) Stratificare il fondo di uno stampo a cerniera rotondo da 8 "con 1 1/4 di tazza di amaretti. Distribuire uniformemente il gelato al cioccolato sugli amaretti.

b) Cospargere 4 delle barrette Heath tritate sul gelato.

c) Sgocciolare 3 cucchiai di sciroppo di cioccolato e 2 cucchiai di

d) Kahlua sul gelato al cioccolato. Coprire con i restanti amaretti. Coprire uniformemente con il gelato alla vaniglia. Cospargere le rimanenti barrette Heath tritate sul gelato, quindi lo sciroppo di cioccolato e Kahlua.

e) Coprire e congelare per almeno 8 ore o più.

f) Al momento di servire, passate la lama di un coltello da cucina lungo i bordi

g) della teglia, togliere i bordi e adagiare la torta gelato su un piatto da portata. Affettare e servire.

h) Suggerimento: mettere le barrette Heath nel congelatore fino al congelamento. Si rompono poi facilmente con un martello.

22. Insalata Rovente

- 6 once di gelatina di ciliegie; (2 confezioni)

- 4 oz Red Hots Candy

- 3 c Acqua bollente

- 20 once di ananas, schiacciato, non drenato

- 2 c salsa di mele Apple

a) Sciogliere gelatina e cannella in acqua bollente; mettere
da parte e lasciar raffreddare fino a temperatura
ambiente. Quando la gelatina si è raffreddata, aggiungere

l'ananas e la salsa di mele. Versare in uno stampo da 8 tazze oliato.

23. Quadretti di cioccolato al burro di arachidi

- 1 1/3 di tazza di burro di arachidi, liscio o croccante

- 2/3 c Zucchero semolato

- 2 tb Farina per tutti gli usi

- 2 albumi d'uovo

- 1 1/4 di tazza di noci tritate, divise

- 5 barrette di cioccolato al latte da 1,65 once

a) Preriscaldare il forno a 325 gradi.

b) In una ciotola media, unire il burro di arachidi, lo zucchero, la farina e l'uovo

c) bianchi; aggiungere 3/4 di tazza di noci.

d) Stendere il composto in una teglia da 9x13 pollici leggermente unta.

e) Cuocere per 10-12 minuti o fino a quando non saranno leggermente dorati lungo i bordi. Nel frattempo, rompere il cioccolato in pezzi da 1 a 2 pollici.

f) Togliere i biscotti dal forno; mettete subito il cioccolato sopra i biscotti. Rimettete in forno e cuocete ancora per 1 minuto. Togliere dal forno; spalmare il cioccolato fuso sopra i biscotti e poi cospargere con le noci rimanenti.

g) Tagliare a quadrati mentre è caldo.

24. Dolce Melba Pesche

- 2 c Pesche; affettato, pelato
- 2c Lamponi
- 3/4 di tazza di zucchero
- 2 cucchiai di acqua
- Gelato; vaniglia

a) In una casseruola portare a bollore le pesche, i lamponi, lo zucchero e l'acqua.

b) Riduci il fuoco e fai sobbollire 5 minuti.

c) Raffreddare, se lo si desidera.

d) Servire sul gelato.

25. Yogurt Ghiacciato Cannella E Noci

- 4 c Yogurt alla vaniglia

- 1 tazza di zucchero

- 1/2 cucchiaino di cannella

- sale

- 1 tazza di panna da montare

- 1 cucchiaino Vaniglia

- 1 tazza di noci

a) Mescolare bene lo yogurt, lo zucchero, la cannella e il sale nel boccale. Incorporare la panna e la vaniglia. Aggiungi le noci.

b) Coprire e conservare in frigorifero 30 minuti.

c) Congelare secondo le indicazioni del produttore.

26. **Fudge di cinque minuti**

- 2/3 tazza di latte evaporato

- 1-2/3 tazza di zucchero

- 1/2 cucchiaino di sale

- 1-1 / 2 tazza di Marshmallow (le miniature funzionano meglio)

- 1-1/2 tazza di gocce di cioccolato (semidolce)

- 1 cucchiaino Vaniglia

a) Unire il latte, lo zucchero e il sale in una casseruola a fuoco medio.

b) Portare a bollore e cuocere 4-5 minuti, mescolando continuamente (iniziare a cronometrare quando il composto inizia a "bollire" intorno agli angoli della padella). Togliere dal fuoco. Aggiungere i Marshmallow, le gocce di cioccolato e la vaniglia. Mescolare energicamente per 1 minuto (o fino a quando i Marshmallow sono completamente sciolti e amalgamati). Versare in una teglia quadrata da 8 pollici imburrata. Raffreddare finché non cade o si rovescia nella padella.

c) Ti piacciono le noci? Aggiungere 1/2 tazza di noci tritate prima di versare in padella.

27. Crosta Di Mandorle-Avena

1 c. mandorle tritate

- 1 c. Farina d'avena
- 1/2 cucchiaino. sale
- 1/4 sec. acqua o succo

MACINARE mandorle e avena nel frullatore fino a ottenere una consistenza fine, oppure macinare avena e mandorle nel robot da cucina, aggiungendo sale e acqua mentre il robot è in movimento. AGGIUNGERE il sale, mescolando bene.

Aggiungere acqua. Mescolare bene. PREMERE nella tortiera, oppure stendere con il mattarello tra due fogli di carta forno. COTTURA A 350° per 15 minuti. RESA: 1 crosta di torta.

28. Dolce Fantasia Di Mele

- 2/3 c. Farina

- 3 cucchiaini di lievito per dolci

- 1/2 cucchiaino di sale

- 2 uova

- 1 c. zucchero granulare

- 1/2 c. zucchero di canna

- 3 cucchiaini di vaniglia o rum o bourbon

- 3 c. Mele a cubetti

Sbattere le uova, aggiungere lo zucchero e la vaniglia e sbattere bene. Aggiungere gli ingredienti secchi e mescolare. Versare le mele e mescolare fino a distribuirle uniformemente. Metti in una teglia profonda o in un piatto da soufflé. Cuocere 45 minuti a 350. Servire caldo.

29. Gelato all'avocado

INGREDIENTI

- cucchiaino di avocado

- succo di limone

- 1 lattina (14 oz / 400 ml) di latte di cocco intero

- 1 tazza/100 g di dolcificante liquido preferito come sciroppo d'acero o sciroppo d'agave

ISTRUZIONI

a) Metti la lattina di latte di cocco in frigo per una notte.

b) Tagliare a metà gli avocado, togliere il nocciolo e versare la polpa dell'avocado.

c) Metti la polpa di avocado in un robot da cucina insieme al succo di limone e frulla fino a ottenere una crema di avocado perfettamente liscia.

d) Apri il barattolo di latte di cocco capovolto (in modo che la crema dura sia sopra).

e) Versare la crema di cocco fino a raggiungere l'acqua di cocco (conservare l'acqua di cocco per una ricetta diversa o per un frullato).

f) Montare la crema di cocco in una ciotola con un KitchenAid o un altro mixer elettrico fino a ottenere una bella e morbida panna montata al cocco. Aggiungere la crema di avocado e lo sciroppo di riso e mescolare fino a incorporarli.

g) Metti il gelato in un piatto adatto al congelatore.

h) Riponetela in freezer per almeno 4 ore.

i) Se dopo 4 ore è troppo duro da spalmare, lascialo riposare a temperatura ambiente per un minuto o due. Godere!

30. Torta Alla Crema Di Banane

- 3 c. LATTE DI SOIA (58)

- 1/2 c. miele

- 1/2 c. anacardi crudi

- 1/4 di cucchiaino. sale

- 1/3 c. amido di mais

- 2 cucchiaini. vaniglia

- 1/3 c. date snocciolate

- 2-3 banane a fette

LIQUEFARE tutti gli ingredienti tranne le banane. VERSARE
in una casseruola e cuocere a fuoco medio fino a quando non si
addensa, mescolando continuamente. VERSA uno strato
sottile della miscela "crema" in un guscio di torta al forno o in

uno strato di muesli, quindi AGGIUNGI uno strato di banane a fette. Ripetere l'operazione, quindi aggiungere la crema pasticcera rimasta e guarnire con mandorle a lamelle. FREDDO durante la notte e SERVIRE freddo.

31. Berry Fool

ingredienti

- 1 confezione da 12 once di lamponi o fragole congelati (non sciroppati), scongelati

- 1/4 tazza più 1 cucchiaio di zucchero, diviso

- 1 tazza di panna da montare pesante

Indicazioni

1. In un frullatore o in un robot da cucina, unire i lamponi o le fragole con 1/4 di tazza di zucchero. Procedi fino a quando le bacche sono frullate, raschiando i lati quando necessario.

2.In una grande ciotola, sbattere la panna con il mixer fino a formare picchi morbidi. Aggiungere lo zucchero rimasto 1 cucchiaio da tavola e continuare a montare fino a formare picchi rigidi.

3.Utilizzando una spatola di gomma, incorporare delicatamente la purea di lamponi, lasciando alcune strisce di panna da montare bianca. Versare in quattro bicchieri da parfait individuali. Mettere in frigo per 2 ore poi servire.

32. Tiramisù ai frutti di bosco

Ingredienti

1   1/2

tazze di caffè ristretto

2 cucchiai di sambuca

1 cucchiaio di zucchero semolato

Contenitore da 1 libbra di mascarpone

1/4 tazza di panna pesante

2 cucchiai di zucchero a velo

Biscotti Savoiardi

- Polvere di cacao

- 2 tazze di frutti di bosco misti

Indicazioni

In una ciotola poco profonda, sbatti insieme 1 1/2 tazze di caffè ristretto, 2 cucchiai di sambuca e 1 cucchiaio di zucchero semolato fino a quando lo zucchero non si sarà sciolto. In una ciotola separata, sbatti insieme un contenitore da 1 libbra di mascarpone, 1/4 di tazza di panna e 2 cucchiai di zucchero a velo. Usando abbastanza biscotti savoiardi per coprire il fondo di una teglia quadrata da 8 pollici, immergi i savoiardi nella miscela di caffè e disponili in uno strato uniforme sul fondo della teglia. Spalmate sopra metà del composto al mascarpone. Ripetere i due strati. Cospargere con cacao in polvere e 2 tazze di frutti di bosco misti. Mettete in frigo il tiramisù per almeno 2 ore e fino a 2 giorni.

33. Caramelle al burro e rum

ingredienti

- Olio vegetale per ungere

- 2 tazze di zucchero di canna chiaro (14 oz)

- 1 tazza di panna pesante

- 1/2 stick (1/4 tazza) di burro non salato

- 1/4 di cucchiaino di sale

- 1/4 di tazza più 1 cucchiaino di rum scuro

- 1/4 cucchiaino di vaniglia

- Dotazioni speciali: carta pergamena; una caramella o un termometro ad alto contenuto di grassi

Preparazione

Foderare il fondo e i lati di una teglia quadrata da 8 pollici con carta da forno e pergamena oleata.

Portare a bollore zucchero di canna, panna, burro, sale e 1/4 di tazza di rum in una casseruola pesante da 3 a 4 quarti, mescolando finché il burro non si scioglie, quindi far bollire a fuoco moderato, mescolando spesso, finché il termometro registra 248° F (fase di palla ferma), circa 15 minuti. Togliere dal fuoco e incorporare la vaniglia e il restante cucchiaino di rum. Versare in una teglia e raffreddare completamente fino a quando non si rassoda, da 1 a 2 ore. Capovolgere il caramello su un tagliere, quindi scartare la pergamena e girare il caramello con il lato lucido rivolto verso l'alto. Tagliare in quadrati da 1 pollice.

Nota dei cuochi: i caramelli si conservano, a strati tra pergamena, in un contenitore ermetico 1 settimana.

34. Scorze di agrumi canditi

- scorza di 4 gr. limoni, 3 arance o 2 pompelmi
-
1

tazza di zucchero

- 1/3 di tazza d'acqua

Per prima cosa fate sobbollire la scorza in 1 litro d'acqua per 6 min. Scolare, sciacquare con acqua fredda e mettere da parte. Portare a bollore acqua e zucchero.

Quando lo zucchero si sarà sciolto, coprite il tegame e fate bollire qualche minuto finché le ultime gocce di sciroppo non cadranno dall'estremità di un cucchiaio di metallo a formare un filo. Togliere dal fuoco, incorporare la buccia e ripida 1 ora.

Pronto all'uso o da conservare coperto in frigorifero.

35. Panna Cotta Cardamomo-Cocco

INGREDIENTI

- 1 tazza di fiocchi di cocco non zuccherati

- 3 tazze di panna pesante

- 1 tazza di latticello

- 4 baccelli di cardamomo verde, leggermente schiacciati. Un pizzico di sale kosher

- 2 cucchiaini di gelatina granulata

- 1 cucchiaio d'acqua

- ⅓ tazza di zucchero semolato

- cucchiaino di acqua di rose

INDICAZIONI

1. Preriscaldare il forno a 350°. Spargere il cocco su una teglia e infornare. Cuocere fino a tostato e dorato, circa 5 minuti. Togliere dal forno e mettere da parte.

2. In una casseruola media a fuoco medio-alto, unire la panna, il latticello, il cardamomo e il sale e portare a bollore. Togliere la padella dal fuoco, aggiungere il cocco tostato e mettere da parte per 1 ora. Filtrare il composto attraverso un colino a maglie fini e scartare i solidi.

3. In una ciotola media, unire la gelatina e l'acqua. Mettere da parte per 5 minuti.

4. Nel frattempo, riportare la casseruola a fuoco medio, aggiungere lo zucchero e cuocere fino a quando lo zucchero si scioglie, circa

1 minuto. Versare con cura la miscela di panna filtrata sulla miscela di gelatina e frullare fino a quando la gelatina si scioglie. Sbatti l'acqua di rose e dividi il composto in 8

stampini da quattro once. Mettere in frigorifero e raffreddare fino a quando non si sarà rassodato, almeno 2 ore fino a tutta la notte.

5. Preparare i petali di rosa canditi: foderare una teglia con carta da forno. In una piccola ciotola, unire lo zucchero e il cardamomo. Usa un pennello da cucina per spennellare entrambi i lati di ogni petalo di rosa con l'albume e immergere con cura nello zucchero. Mettere da parte ad asciugare completamente su carta da forno.

6. Servite la panna cotta ben fredda e guarnite ogni porzione con petali di rosa.

36. Crema di cicoria brulée

- 1 cucchiaio di burro

- 3 tazze di panna pesante

- 1 1/2 tazze di zucchero

- 1 tazza di caffè di cicoria

- 8 tuorli d'uovo

- 1 tazza di zucchero grezzo

- 20 piccoli biscotti di pasta frolla

Preriscaldare il forno a 275 gradi F. Imburrare 10 stampini (4 once). In un pentolino, a fuoco medio, unire la panna, lo zucchero e il caffè.

Sbatti fino a che liscio. In una piccola ciotola, sbattere le uova fino a che liscio. Stemperare i tuorli d'uovo nella miscela di panna calda. Togliere dal fuoco e raffreddare. Versare nei singoli stampini. Metti gli stampini in una teglia.

Riempi il piatto con l'acqua che arriva a metà della pirofila. Mettere in forno, sulla griglia inferiore e cuocere fino a quando il centro non si è rappreso, da 45 minuti a 1 ora circa.

Togliere dal forno e acqua. Raffreddare completamente.

Refrigerare fino a freddo. Cospargete lo zucchero sopra, scuotendo via l'eccesso. Usando un cannello a mano, caramellare lo zucchero sopra. Servire la crema catalana con i biscotti di pasta frolla.

37. Fonduta Di Cioccolato Alla Menta

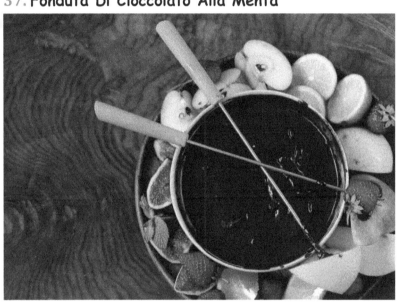

- 1/2 tazza di panna pesante

- 2 cucchiai di liquore alla menta piperita

- 8 once di cioccolato semidolce

1. Scaldare la panna a fuoco medio-basso

2. Aggiungi liquore

3. Grattugiare il cioccolato o romperlo in piccoli pezzi e aggiungere lentamente al composto mescolando

4. Mescolare fino a quando il cioccolato non si scioglie

38. Budino al cioccolato con decorazioni

- 1/2 tazza di zucchero semolato

- 1/3 tazza di cacao amaro in polvere, setacciato

- 3 cucchiai di amido di mais 1/8 di cucchiaino di sale

- $\frac{1}{2}$ tazze di latte scremato all'1%

- 1/2 tazza di yogurt magro alla vaniglia

- 1 cucchiaino di estratto di vaniglia

- Condimenti opzionali: cracker Graham schiacciati, noci tritate, muesli, mirtilli, lamponi, banane a fette, fragole a fette, panna montata leggera

a) Sbatti insieme lo zucchero, il cacao, l'amido di mais e il sale in una casseruola media. Incorporare gradualmente il latte fino a quando non sarà ben amalgamato.

b) Mettere sul fuoco medio-alto e portare a bollore, mescolando continuamente. Ridurre il fuoco e continuare a cuocere a fuoco lento, mescolando delicatamente, finché il composto non si addensa leggermente, circa 2 minuti.

c) Togliere dal fuoco e incorporare lo yogurt e la vaniglia. Versate il composto in 6 ciotole da portata individuali. Coprire con pellicola trasparente o carta oleata (questo eviterà la formazione di una pellicola) e mettere in frigo per almeno 1 ora. Cospargere con condimenti a piacere e servire.

39. Cracker al cioccolato e caramello crunch

- 1,5 bustine di cracker salati o 6-8

- fogli di pane azzimo (abbastanza per riempire una teglia 11x-17)

- 1 panetto (8 cucchiai) di burro

- 1 tazza di zucchero di canna scuro

- 2 tazze di gocce di cioccolato fondente

- 1 cucchiaino di sale marino, più altro per spolverare

a) Preriscaldare il forno a 350°F. Adagiate i salatini in una teglia foderata, avendo cura di farli aderire il più possibile. Rompi le saline per adattarle ai bordi o per riempire eventuali buchi. Metti da parte i pezzi rotti per dopo.

b) In una piccola casseruola, sciogliere il burro e lo zucchero insieme a fuoco medio, mescolando di tanto in tanto in modo che il caramello non bruci. Riscaldare il caramello a ebollizione e far bollire per 2 minuti. Mescolare il sale e poi versare sui cracker, stendendo con una spatola resistente al calore per coprire eventuali punti mancanti (il caramello si addensa molto rapidamente, quindi assicurati di farlo velocemente).

c) Cuocere i cracker al caramello per 10 minuti, fino a quando il caramello non bolle. Togliere dal forno e raffreddare per 1 minuto.

d) Cospargere le gocce di cioccolato sopra il toffee caldo. Lasciarli riposare per qualche minuto, finché non iniziano a sciogliersi. Spalmare il cioccolato sul toffee in uno strato uniforme. Schiacciare i pezzi salati avanzati in piccole briciole (o schiacciare 5-7 salatini in briciole) e cospargere il cioccolato mentre è caldo. Puoi anche cospargere un po' di sale marino sul cioccolato.

e) Raffreddare i cracker fino a quando il cioccolato non si è indurito (il frigorifero funziona benissimo qui, se il vostro è abbastanza vuoto da contenere una teglia). Tagliare a pezzi e conservare in un contenitore ermetico per un massimo di una settimana. Buona fortuna a farlo durare così a lungo.

40. Barrette Energetiche Citrus Burst

ingredienti

- • 2 tazze di fiocchi d'avena grandi

- 1 limone, grande

- 1 arancia, grande

- 5 datteri secchi, tritati grossolanamente

- 1 tazza di burro di mandorle o di girasole

- 1 cucchiaino di estratto di vaniglia

- 1/4 cucchiaino di sale

- 1/4 tazza di semi di girasole, crudi, non salati

- 1/4 tazza di semi di zucca, crudi, non salati

- 1/4 tazza di semi di lino macinati

- 1/2 tazza di mirtilli rossi secchi, tritati grossolanamente

- 1/2 tazza di mirtilli secchi, ciliegie o albicocche, tritati grossolanamente

Preparazione

a) Distribuire l'avena su una teglia. Cuocere in forno preriscaldato, mescolando una volta, per 15-20 minuti, o solo finché l'avena non sarà leggermente tostata e fragrante. Mettere l'avena tostata in una ciotola capiente e mettere da parte a raffreddare.

b) Grattugiare finemente la scorza di arancia e limone e mettere da parte.

c) Spremere il succo dall'arancia. Avrai bisogno di circa $\frac{1}{2}$ tazza (125 ml) di succo. Versare il succo di agrumi nella ciotola di un robot da cucina e aggiungere i datteri tritati, il burro di mandorle, la vaniglia e il sale. Frullare gli ingredienti fino a ottenere una pasta liscia e densa. Aggiungere il composto di datteri nella ciotola con l'avena, quindi incorporare i semi di girasole, zucca e lino e la frutta secca tritata.

d)   Mescolare fino a quando ben combinato. Versare il composto in una padella da 20 x 20 cm (8 x 8 pollici).

e)   Coprire e conservare in frigorifero per 2 ore o durante la notte.

f)   Tagliare in 16 barrette. Conservare in un contenitore in frigorifero o avvolgere le barrette singolarmente in carta oleata e conservare in un contenitore nel congelatore. Puoi scongelare le barrette in frigorifero durante la notte.

41. Fonduta (Analcolica)

- 1 tazza di sidro di mele (da mescolare con il formaggio)

- 1/4 tazza di sidro di mele (da mescolare con amido di mais e senape)

- 2 cucchiaini di succo di limone

- 1 cucchiaio Cipolla (tritata finemente)

- 3 tazze di formaggio Cheddar (grattugiato)

- 1 cucchiaio di amido di mais

- 2/3 cucchiaini di senape in polvere

- Pepe Bianco (a piacere)

a) Scaldare il sidro, il succo di limone e le cipolle a fuoco medio basso nella pentola della fonduta

b) Aggiungere lentamente il formaggio mescolando

c) Mescolare l'amido di mais e la senape in 1/4 di tazza di sidro di mele

d) Aggiungere il composto al formaggio

e) Aggiungere pepe bianco a piacere

f) Nota: se troppo dolce, aggiungi altro succo di limone

42. Torta al budino hawaiano

ingredienti

- 1 confezione grande (6 porzioni) di budino istantaneo alla vaniglia e ripieno di torta

- 2 tazze di latte

- 2 cucchiai di burro fuso

- 1 tazza di guarnizione montata congelata, scongelata (un contenitore da 8 once equivale a 3-1/2 tazze)

- 1 crosta di torta graham cracker preparata (9 pollici)

- 1/2 tazza di cocco in scaglie tostato (opzionale)

Indicazioni

a) In una ciotola capiente, preparare il budino secondo le indicazioni sulla confezione, utilizzando 2 tazze di latte. Incorporate il burro e la panna montata, quindi versate il composto nella pasta frolla.

b) Refrigerare 4 ore, o fino a quando non si ferma.

c) Se lo desideri, guarnisci con cocco tostato appena prima di servire. Se hai solo confezioni da 4 porzioni di budino alla vaniglia a portata di mano, aprine 2 e misura e usa 2/3 di miscela per budino.

43. Il cordon bleu

- 3 mele
- burro
- zucchero
- 3 mele
- glassa all'albicocca
- 50 g di burro
- 50 g di zucchero
- 1 limone
- 50 ml di acqua

1. Preriscaldare il forno a 180°C. Spolverare di farina il piano di lavoro, stendere la pasta frolla in un tondo di circa 3 mm. Arrotolare la pasta sfoglia sul mattarello o

piegarla a metà e poi srotolarla leggermente sulla tortiera.

2. Con le dita premete la pasta sfoglia nella teglia. Con il pollice e l'indice, modellare un bordo orizzontale di 1 cm intorno all'interno del bordo, quindi passare il mattarello sul bordo per tagliare la pasta in eccesso.

3. Pizzicare il bordo di pasta in una forma decorativa con le pinzette o le dita. Bucherellate il fondo del guscio di pasta con una forchetta e mettete in frigo per 10 minuti. Cuocere alla cieca la crostata, sfornare e far raffreddare.

4. Preparare la composta di mele: sbucciare e togliere il torsolo alle mele. Tagliare le mele a "paysanne" (tagliare in piccoli quadrati).

5. Sciogliere il burro senza colorarlo in una casseruola dal fondo pesante a fuoco medio. Aggiungere le mele tritate, lo zucchero, il succo di limone e l'acqua.

6. Mescola spesso le mele con un cucchiaio di legno finché non diventano morbide e dorate, circa 20-30 minuti. Togliere dal fuoco e raffreddare leggermente.

7. Versare la composta di mele nel guscio di crostata al forno cieca.

8.	Sbucciare e togliere il torsolo alle mele rimanenti.
	Tagliare ciascuno a metà. Appoggiare ciascuna metà su un
	piano di lavoro e tagliare trasversalmente in

9.	Fette spesse 3 mm. Partendo dal bordo esterno e
	procedendo verso l'interno verso il centro, disponi la mela.

10.	Con il dorso di un cucchiaio spalmare sulle fette di mela il
	burro ammorbidito mescolato allo zucchero.

11.	Avvolgere un foglio di alluminio sul bordo cotto della
	crostata per proteggerlo dalla bruciatura durante la
	cottura. Cuocere in forno per circa 25 minuti o fino a
	quando le mele saranno tenere e dorate. Sfornare e
	lasciar raffreddare su una gratella.

Presentare:

Scaldare la glassa di albicocche in un pentolino. spennellare
delicatamente le fette di mela per ricoprirle completamente
con la glassa. Servire tiepido o freddo. Buon appetito.

44. Luscious Meyer Lemon Bars

Per l'impasto:

- 1/2 libbra di burro non salato, a temperatura ambiente

- 1/2 tazza di zucchero semolato

- 2 tazze di farina

- 1/8 di cucchiaino di sale kosher

Per il ripieno:

- scorza di 5 limoni Meyer (la ricetta prevede 1 cucchiaio + 1 cucchiaino di scorza, ma io ho scorzato tutti i miei limoni. Lo consiglio vivamente)

- 1 2/3 tazze di zucchero semolato

- 4 uova extra grandi a temperatura ambiente

- 2/3 di tazza di succo di limone appena spremuto

- 2/3 tazza di farina, setacciata

- zucchero a velo per spolverare

a) Preriscaldare il forno a 350 ° F. Montare il burro e lo zucchero fino a ottenere un composto chiaro e spumoso. Unire la farina e il sale e mescolare al composto di burro fino a quando non si sarà unito.

b) Trasferire l'impasto su un piano di lavoro infarinato e raccoglierlo in una palla. Appiattire l'impasto e premere in una teglia da forno 9x-13 ben unta, creando una crosta da 1/2 pollice. Raffreddare per 20 minuti.

c) Cuocere la crosta per 15-20 minuti, fino a quando non sarà leggermente dorata. Lascia raffreddare la crostata.

d) Preparate il ripieno: grattugiate i limoni e uniteli allo zucchero con la punta delle dita, finché lo zucchero non diventa leggermente grumoso e fragrante. Sbattere il composto di zucchero con le uova, il succo di limone e la farina fino ad ottenere un composto liscio e lucido.

e) Versare la cagliata sulla crosta raffreddata e cuocere per 30-35 minuti, fino a quando il ripieno non si sarà rappreso. Raffreddare a temperatura ambiente prima di setacciare lo zucchero a velo sopra. Tagliare a quadrotti e servire.

45. La torta del milionario

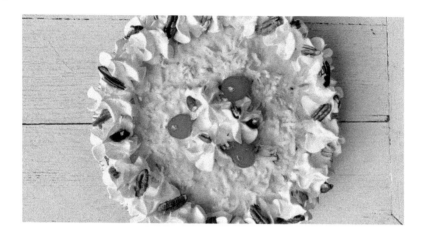

ingredienti

- 1 lattina (20 once) pezzi di ananas in sciroppo pesante, scolati

- 1 tazza di noci pecan tritate

- 1 lattina (14 once) di latte condensato zuccherato

- 2 cucchiai di succo di limone fresco

- 2 tazze di guarnizione montata congelata, scongelata (un contenitore da 8 once equivale a 3-1/2 tazze)

- 1 torta graham cracker preparata da 9 pollici

- Crosta

Indicazioni

1. In una grande ciotola, unire ananas, noci pecan, latte condensato zuccherato e succo di limone; mescolare bene. Incorporare delicatamente la panna montata.

2. Versare il composto nella crosta di cracker graham. Raffreddare in frigorifero per almeno 6 ore o tutta la notte.

Completare con noci pecan extra e un filo di salsa al caramello per una vera presentazione "milionaria".

46. Pops all'arancia e crema

ingredienti

- Buccia grattugiata di 1 arancia   Tempo di cottura: 12 minuti

- 1 litro di gelato alla vaniglia, ammorbidito

- 1 pinta di sorbetto all'arancia, ammorbidito

- 10 bastoncini artigianali

Indicazioni

a) Foderare una teglia da 9 x 5 pollici con un involucro di plastica.

b) In una ciotola media, mescolare la scorza d'arancia grattugiata nel gelato alla vaniglia ammorbidito.

c) Distribuire metà del composto di gelato alla vaniglia sul fondo della tortiera. Spalmarvi sopra il sorbetto all'arancia e guarnire con il restante composto di gelato alla vaniglia.

d) Metti i bastoncini nel gelato a circa due pollici di distanza in due file. Coprire e congelare finché non si ferma.

e) Tagliare in 10 pop e servire. Coprire eventuali avanzi e conservare congelati.

47. Torta alla limonata rosa

ingredienti

- 1 confezione da 8 once di formaggio cremoso, ammorbidito

- 1 contenitore (6 once) concentrato di limonata rosa congelato, scongelato

- 1 contenitore da 8 once di panna montata congelata, scongelata

- 4 gocce di colorante alimentare rosso (facoltativo)

- 1 crosta di torta di pasta frolla preparata da 9 pollici

Indicazioni

1.In una ciotola media, sbattere la crema di formaggio fino a che liscio. Aggiungere il concentrato di limonata e sbattere fino a quando non è ben combinato. Se lo desideri, aggiungi la panna montata e il colorante alimentare.

2. Versare nella pasta frolla e congelare per 20 minuti. Servire o coprire e raffreddare fino al momento di servire.

48. Canne Pretzel

- 12 once di cioccolato semi o agrodolce tritato

- 2 dozzine di bastoncini per pretzel grandi o piccoli

- 12 once di cioccolato bianco tritato

Sciogliere il cioccolato fondente o agrodolce, a bagnomaria o nel microonde, fino a renderlo liscio. Immergere i bastoncini di pretzel nel cioccolato, usando un cucchiaio per coprire tutti i bastoncini tranne due pollici. Lasciare sgocciolare il cioccolato in eccesso, quindi posizionare i bastoncini di pretzel su una teglia foderata di pergamena. Una volta che tutti i pretzel sono stati immersi, mettere in frigorifero per almeno 15 minuti.

Sciogliere lentamente il cioccolato bianco, a bagnomaria o nel microonde. Mettere il cioccolato in un sacchetto Ziploc, quindi praticare un piccolo foro in uno degli angoli inferiori, per formare una sac à poche.*

Pipa due piccoli punti per formare gli occhi della mummia. Quindi convogliare in modo incrociato il pretzel, per formare le bende della mummia, lasciando un piccolo spazio per gli occhi e fermandosi dove si ferma il cioccolato fondente. Aggiungi bende per la testa, sopra gli occhi.

Mettere in frigorifero sulle teglie per altri 30 minuti, quindi trasferire in un contenitore ermetico per conservare il cibo.

49. Coni di neve per adulti

INGREDIENTI

Sciroppo semplice

- 1 tazza di zucchero semolato
- 1 tazza di acqua fredda

Cono di neve

- 1 bicchiere di vino rosato (preferibilmente un rosato corposo)
- tazza di sciroppo semplice 5 tazze di ghiaccio

INDICAZIONI

Prepara lo sciroppo semplice: metti lo zucchero e l'acqua in un contenitore ermetico, copri e agita fino a quando non si scioglie (oppure scalda lo zucchero e l'acqua a fuoco medio in una piccola casseruola, mescolando fino a quando non si scioglie; poi raffreddare e raffreddare prima dell'uso).

Prepara il cono di neve: metti il rosé, lo sciroppo semplice e il ghiaccio in un frullatore e frulla fino a ottenere un composto liscio e spumoso, fermando il frullatore di tanto in tanto e usando una spatola di gomma per raschiare i lati del vaso del frullatore, se necessario. Servire impilati in bicchieri di carta, bicchierini o ciotoline.

50. Fonduta di Moka

ingredienti

- 8 once di cioccolato semidolce

- 1/2 tazza di caffè espresso o caffè caldo

- 3 cucchiai di zucchero semolato

- 2 cucchiai di burro

- 1/2 cucchiaino di estratto di vaniglia

a) Tagliare il cioccolato a pezzetti e mettere da parte

b) Scaldare caffè espresso e zucchero nella pentola della fonduta a fuoco basso

c) Aggiungere lentamente il cioccolato e il burro mescolando

d) Aggiungere la vaniglia

e) Facoltativo: aggiungi una spruzzata di Irish Cream

f) Per inzuppare: Angel Food Cake, fette di mela, banane, fragole, torta di libbra, salatini, pezzi di ananas, marshmallow

51. Tiramisù

- 1 kg di mascarpone, davvero fresco

- 1 lattina grande di ciliegie scure (snocciolate) sciroppate (almeno 2/3 di tazza di liquido) 1/4 di tazza di zucchero semolato

- Rum 2T, più

- 1/3 di tazza di rum mescolato con acqua e un po' di zucchero semolato extra

- 24 bastoncini da donna o biscotti all'uovo

a) Mescolare insieme il formaggio, 1/4 di tazza di zucchero semolato e 2T di rum. Dividi in 3 parti uguali.

b) Mettere 8 biscotti uno accanto all'altro in una teglia che sia almeno abbastanza grande da accoglierli. Versare 1/3 del succo di amarena in scatola sui biscotti, distribuendolo uniformemente. Stendere 1/3 del composto di formaggio sui biscotti.

c) Metti altri 8 biscotti uno accanto all'altro sul composto di formaggio. Bagnate questo strato di biscotti con il composto al rum. Stendete un altro terzo del composto di formaggio sui biscotti.

d) Metti altri 8 biscotti uno accanto all'altro sul composto di formaggio. Immergere questo strato di biscotti con il restante 1/3 di tazza di sciroppo di amarene in scatola. Stendete l'ultimo terzo del composto di formaggio sui biscotti.

e) Guarnire con le ciliegie extra.

52. Delizia turca

- 2 tazze (1/2 litro) di zucchero semolato

- 1 1/4 (300 ml) di acqua

- 1 limone, la buccia tagliata a listarelle, il succo spremuto e filtrato

- 1 arancia, la buccia tagliata a listarelle, il succo spremuto e filtrato strain

- 4 cucchiai (60 ml) di gelatina in polvere non aromatizzata

- 2 cucchiai (30 ml) di zucchero a velo

- 1 cucchiaio (15 ml) di amido di mais

Sciogliere lo zucchero semolato in metà dell'acqua a fuoco medio. Aggiungere le striscioline di scorza di limone e

rancia e il succo. Portare il composto a bollore e cuocere a
fuoco lento per 15 minuti. Ammorbidire la gelatina
immergendola per 5-10 minuti nel resto dell'acqua.
Aggiungere la gelatina allo sciroppo di zucchero mescolando
bene e far bollire per 10 minuti, fino a quando lo sciroppo
raggiunge lo stadio del filo.

Filtrare il composto in una padella poco profonda inumidita
o su piatti da portata e lasciarlo riposare per 24 ore.
Taglia le caramelle in quadrati da 1 pollice (2 1/2 cm).
Setacciare lo zucchero a velo e l'amido di mais in un piatto
fondo. Arrotolare i pezzi di caramelle nella miscela.
Conservare i quadrati in scatole con più zucchero a velo e
amido di mais tra ogni strato.

CONCLUSIONE

Prima di entrare nello specifico delle ricette e dei sapori di questo libro, è importante pianificare il pasto. Dovrai preparare il terreno per la tua cena romantica assicurandoti che siate soli. Se hai figli, ora è il momento di chiedere quel favore da babysitter.

È anche una buona idea stabilire alcune regole di base: prova ad accettare una serata senza tecnologia, il che potrebbe significare spegnere la televisione o nascondere i telefoni. La pianificazione potrebbe sembrare forzata, ma è un ottimo modo per proteggere la tua relazione dall'enorme quantità di "vita" che ti viene costantemente addosso.

Una volta confermata la data della tua serata romantica, è il momento di pianificare il menu. Tieni presente che i tuoi ingredienti freschi sono di stagione, il che può influire sulla facilità con cui sarai in grado di reperire gli elementi necessari nella tua lista. Altre cose da considerare includono le preferenze e le restrizioni dietetiche del tuo compagno di cena, come qualcuno che preferisce una dieta a base vegetale o che ha un'allergia alle noci.

Tutto ciò che resta da fare è accendere la musica, godersi il pasto e crogiolarsi in compagnia l'uno dell'altro: se vi state divertendo, una serata romantica a casa batte ogni volta un ristorante.

Lightning Source UK Ltd.
Milton Keynes UK
UKHW020257220621
385907UK00007B/374

9 781802 885958